A pesar de todo **CREO** en el **AMOR**

Una HISTORIA REAL...
¿me voy o me quedo?
la decisión es **PERSONAL**

Any Altamirano

Copyright © 2022. Todos los derechos reservados.

ISBN 9798842105434

Esta obra a unos días de su publicación en formato digital en amazon, logró colocarse el 24 de febrero de 2022 como **Best Seller** como el libro **más vendido en la categoría de Relaciones Disfuncionales** en formato kindle y libros, sumándose dos categorías más el 25 de febrero de 2022 como #1 Nuevo Lanzamiento en Lecturas Cortas de dos horas en Crianza y Relaciones (Kindle) y el más vendido en Salud y Familia en Español del Top 100 pagados (Kindle).

Dedicatoria

A mi Dios por su amor infinito

A mis hijas que son mi motor

A esos dos ángeles que llegaron a transformar mi vida

Escritora

Nacida en Misantla, Veracruz, México, en el año de 1977; madre, empleada, emprendedora, una mujer resiliente y soñadora desde niña, sabedora de hacer los sueños realidad con esfuerzo y tenacidad. Aún con limitaciones en su infancia, cumplió su meta de concluir una carrera Universitaria, la cual desempeña en una Institución educativa en el Estado de Veracruz, México y actualmente ha materializado su anhelado sueño como escritora, aquel que guardó en el baúl de sus recuerdos y que ahora hace realidad, para compartir sus vivencias con sus lectores.

Enlace de Contacto

Facebook

https://www.facebook.com/profile.php?id=100008138137951

e-mail

anyaltamiranomx2022@gmail.com

A mis apreciados lectores

Para ti que estás enamorado y estás dudando del paso que vas a dar, iniciaste un noviazgo o estás en una relación matrimonial donde ese amor se está convirtiendo en un tormento y afectando a tus hijos si los tienes, ya padeciste una ruptura y no sabes cómo enfrentar tu soledad o simplemente te niegas a darle otra oportunidad al amor por el dolor profundo que aún guardas en tu corazón o estás solo o sola lamentando tu vida, cada uno en su situación, todas perfectas para cada ser humano.

En este libro te compartiré experiencias de mi vida, desnudando mi alma y mi corazón, sumergiéndome en el pantano de mi vida y descubriendo las razones que me llevaron a vivir dormida, tener logros sin disfrutarlos, construir sueños que desaparecieron juntos en una etapa de mi vida, derrumbándome y sintiendo desesperanza, llegando a pensar que era la vida que me tocó vivir y no hacía nada por cambiar, soportar el tormento de mis dudas sin buscar ayuda, hasta que encontré dentro de mi propia oscuridad la luz que encendería la llama y fuego del amor de Dios para ver la vida de otra forma y ser feliz, descubriendo la forma de amarme para poder amar a otras personas con libertad y no con dependencias como lo venía haciendo.

Cuando nuestros problemas se suman todos a la vez en una etapa de nuestras vidas, llegamos a sentirnos frustrados, insuficientes y derrotados, incluso decepcionados de nosotros, castigándonos y sumando más culpas a las que ya venimos arrastrando y que en la mayoría colocaron otras personas en nuestro subconsciente en nuestra más tierna infancia, los propios cuidadores y seres más cercanos.

Muchas veces no comprendemos porqué nos pasan tantas cosas en nuestras vidas, pensando que es un castigo divino, cuando es todo lo contrario pues nuestro creador es solo luz y amor que nos espera con los brazos abiertos para recibirnos y sanarnos, pero este descubrimiento llegó a mi vida cuando toqué fondo y dije ¡señor todopoderoso ya no puedo más!, venciendo mi voluntad aquella que consideré suficiente para cumplir todos mis propósitos.

Con todo lo aquí narrado quiero invitarte a una reflexión personal para encontrar una respuesta a tus propias dudas, buscando en la oscuridad de tu alma donde se encuentran los recuerdos más dolorosos que marcaron tu vida y te han impedido ser feliz.

Espero que al final encuentres tu propósito de vida, en este mundo donde todos los hijos del creador venimos a ser felices y compartir nuestra felicidad con los seres que nos rodean y a los que debemos amar como nosotros mismos, descubriremos juntos el momento en que perdimos ese camino de amor y felicidad por todas las heridas que estaban abiertas y que preferimos no recordar y que al enfrentarlas sanarán nuestra alma, mente y espíritu.

En este libro relato mis travesías o desiertos para llegar a este renacer, a esta nueva vida que yo le llamo un despertar espiritual, donde hay una apertura de mi conciencia, donde escucho la voz de Dios en mi corazón y descubro a ese ser maravilloso que habita en mí, al que necesito sanar y amar, al que rescato cuando busco en mis adentros, ese ser que se quedó dormido sin ganas de vivir, ese ser que fue lastimado, herido, abandonado, rechazado y humillado, que fue acumulando rencor en ese corazón que no comprendía por ignorancia una forma verdadera de vivir su vida, el cual descubrió como disfrutar cada día como si fuera el último, sin competir con nadie más, solo conmigo misma, entregando mis luchas y mis batallas diarias a mi Ser Superior que en mi caso es Dios y solo hasta entonces fue que comprendí que vine a este mundo solo a ser feliz.

ÍNDICE

1. El momento que transformó mi vida.................. 13
2. Los recuerdos dormidos en mi ser........................ 31
3. La búsqueda equivocada de mi felicidad...................... 43
4. Mis sueños anhelados 71
5. A pesar de todo CREO en el AMOR 79
6. Amar también es libertad 85
7. Un final diferente para inicios felices 93

A pesar de todo CREO en el **AMOR**: Una HISTORIAL REAL …
Any Altamirano

1
El momento que transformó mi vida

Cuando sentí las manos de Alberto en mi cuello gritándome — ¡deja ese teléfono, no son horas para conversar con nadie! —, sentí un gran escalofrío, terror, pánico, miedo, desconocí al padre de mis hijas, que en ese momento estaba muy alterado, en ese momento sentí como si un meteorito cayera sobre mí y sentí como un frágil hilo que nos unía se rompiera y de inmediato sentí dentro de mí un ¡ya basta! solo alcanzando a decir con voz temblorosa — ¡es la última vez que me pones una mano encima! —, en ese momento sentí que el mundo se me vino encima, todo porque yo había tomado una llamada de un amigo estando en casa, situación que lo molestó profundamente.

Sin embargo, tuve que recordar tiempo atrás nuestra vida juntos como esposos, las situaciones como esta última escena que estaban guardadas en mi memoria y acumuladas durante veinte años de convivencia, aun cuando fueron escasas tres veces, se habían repetido y aunque no terminaban de una forma tan violenta porque yo no respondía a la agresión quedándome inmóvil, podía recordar en dos ocasiones más el movimiento de sus manos hacia mi cuello para asfixiarme. Esta situación se había presentado por primera vez cuando teníamos tres meses de casados, ante una pequeña diferencia casi insignificante, en ese momento era una lucha de egos, ya que ninguno de los dos cedía para acordar la administración y organización de recursos para el hogar, considerando en su momento que yo lo tendría que hacer y por el contrario él pensaba que le correspondía, puesto que él había crecido escuchando en su núcleo familiar que no se dejara de su mujer y que debía controlar los gastos de casa, como en el caso de sus padres, su madre era quien sostenía el hogar debido a que su padre era alcohólico. En aquel momento ese pequeño desacuerdo concluyó en una discusión y por primera vez intentó sujetarme el cuello y yo alcancé a detener su mano y no pasó a mayores diciéndole en ese momento que en mi casa no me habían tratado de esa manera y no lo iba a permitir, sin embargo desde esa vez se quedó sembrado en mí el miedo y le dije — ¡aquí termina todo! ¡dile a tu familia que esto se acabó! —, sin embargo, por ser una relación que apenas empezaba y con lo poco que pudimos retomar en una conversación, decidí continuar en honor a esa promesa de amor que habíamos jurado los dos. La segunda vez que recordé que había sucedido esa situación, fue en un momento de frustración y de enojo cuando después de 15 años de matrimonio, de haber estado juntos y haber luchado hombro a hombro, descubrí una relación de infidelidad de su parte, la cual me lastimó profundamente y cuando en un momento de enojo yo hice ese reclamo y después de una acalorada discusión me tomó por la espalda y puso fuertemente su brazo sobre mi cuello y me sentí como nunca cerca de la muerte ya que sentí como estuve a punto de asfixiarme ... lloré mucho, lamenté ese momento, pero no hice nada por cambiar mi situación, no tenía a nadie a quien confiarle mi sentir y además sentía miedo a ser juzgada y a la vez me sentía insuficiente como esposa y como mujer; sin embargo, esta última vez me sentí con la fuerza interior para repensar mi situación pues sentía en mi ser que algo había cambiado definitivamente ya que la agresión en esta última ocasión había marcado profundamente mi vida, ya no era la misma, sentía mucho dolor y tenía que tomar una decisión ¿me voy o me quedo?, en el sentido de continuar la relación con el padre de mis hijas; sintiendo en mi interior emociones de decepción, frustración, y algo dentro de mí decía ¡se acabó! y ese hilo que me unía con el padre de mis hijas después de aquella infidelidad sentí que se había roto en la última discusión.

Unos días después de este último suceso Alberto se acercó, quiso retomar las cosas y trató de convencerme para permanecer unidos en familia, me decía -si tú quieres ya no somos esposos-, -tú puedes dormir en tu espacio y yo en el mío- pero que nuestras hijas vean que estamos juntos y para los demás seamos una familia, lo que en otras palabras era fingir ante los demás una familia como yo lo aparentaba ante todos diciendo que era un buen esposo y buen padre, no decía lo que realmente pasaba, motivo por el cual nadie imaginaba como era nuestra vida después de cruzar la puerta de nuestro hogar. Antes de su infidelidad, aunque no éramos del todo felices, no existían tantos malos ratos de indiferencia con en los últimos cinco años y de violencia psicológica como el del último año juntos, ya se había tornado un ambiente de aburrimiento y de indiferencia, donde rara vez salíamos de casa, solo era hacer las compras para abastecer alimentos, cuando me acercaba a dar un abrazo o al intentar hacer una caricia había un rechazo y me decía Alberto — después, en otro momento —, — se hace tarde —, etc., una y otra vez empezaron a llegar a mi mente esas escenas del pasado y me preguntaba si era correcto seguir, si habían valido la pena estos veinte años de matrimonio y seis de noviazgo. Lo más rescatable eran los primeros momentos que tratamos ser felices, de compartir, de convivir y lo mejor la llegada de nuestras hijas, pero lo más importante que se perdió durante muchos años fue esa convivencia amorosa como esposos, ya que solo nos esmeramos por formar un patrimonio material, olvidándonos de los momentos en pareja y en intimidad, ya que nuestros únicos tiempos libres en periodos vacacionales, solo eran estadías en plan familiar para con la familia de Alberto y una que otra ocasión para visitar algunos de mis familiares.

Pese a retomar nuestras conversaciones, ya no me convencí de estar en el lugar correcto y después de meditarlo por cuatro meses y aún con miedo y pidiendo a mi Dios su perdón por mi decisión, decidí solicitarle el divorcio y decirle que ya no quería estar bajo el mismo techo, no lo aceptó empezando por argumentar que a dónde se iría pues en ese momento era lo que más hacía notar que le importaba, su bienestar, trató de persuadirme de continuar y ante el miedo que me provocaba estar bajo el mismo techo porque ya no estaba dispuesta a continuar con una mala relación, tramité de forma unilateral el divorcio, ya que cada vez me sentía más infeliz y me entristecía la situación de mis hijas porque venían atravesando una etapa de depresión, por el ambiente tenso, por la guerra de hielo provocada por mí y Alberto, pues ambos no nos dirigíamos la palabra casi para nada y cuando lo hacíamos solo era para tener alguna diferencia y en las últimas ocasiones, por el encierro de la pandemia que vivimos por un año, nuestras confrontaciones eran en presencia de nuestras hijas. Esta decisión no fue fácil, porque estaba dejando atrás todos mis sueños, todo aquello que había creído era mi felicidad, un castillo construido en mi imaginación como un cuento de hadas, todo lo que es perfecto, lo que había escuchado que es para siempre.

Esta situación me confundía demasiado, me sentía insuficiente, me sentía frustrada por no haber cumplido con mis propias expectativas, lo que yo había soñado, todo se derrumbaba en un instante y, además, como una mujer creyente creía fallarle a Dios, sentí profundamente esa confusión en mi mente y en mi corazón, porque por un momento pensaba si era la mejor decisión, me sentía culpable por el hecho de dejar a mis hijas sin padre y por otra parte sentía una paz en mi interior al imaginarme que mis hijas y yo podíamos estar mejor y yo tendría que luchar por sanar mis emociones y mi dolor. Durante los meses siguientes sin que Alberto tuviera conocimiento de la solicitud de disolución del matrimonio civil, me estresaba la convivencia pensando que en cualquier momento le podría llegar la notificación, en tanto en mis ratos libres en casa, empecé a buscar información en internet sobre distintos temas que hablaran sobre procesos de separación y prepararme para ese momento, así fui encontrando algunos videos de coaches de vida y uno en particular llamó mi atención hablaba del amor que debe uno darse así mismo y por todo lo escuchado en ese video, me sentí identificada y fortalecida y sentí en mi corazón un poco de tranquilidad al comprender un poco más el sentido del amor propio, no del que va enfocado al arreglo personal exterior, sino el amor que nos damos al reencontrarnos, sanando nuestras emociones.

Recuerdo que después de esa acalorada discusión con Alberto, Diana mi hija mayor, en ese tiempo de 15 años, se había asustado demasiado y había entrado en un proceso de depresión y llegó a manifestar en sus estados del celular y en sus redes sociales querer dejar de vivir, situación que activó mis alertas para posteriormente llevarlas a ella y a Frida mi hija menor de 13 años en esa etapa, a una terapia psicológica, de la cual Diana me manifestó que le fue de gran utilidad pues le había manejado su terapeuta que vivía una alineación parental por parte de su padre en su actuar, ya que de alguna forma la manipulaba para decirle que todo lo que hacía era por el bien de ellas, situación que en algunas ocasiones se reflejaba en cierto rechazo hacia mí al no permitirme acercarme a ella, para abrazarla o conversar y en otras ocasiones repetía algunas frases de su padre para señalar que yo estaba en un error.

Después de diez meses de haber solicitado la disolución de matrimonio por la vía civil llegó un día la notificación del Juzgado de lo familiar, sintiendo un temor enorme por lo que pudiera ocurrir y lo único que me tranquilizó un poco es que se le solicitaba a Alberto dejar el hogar a lo que hizo caso omiso y apeló para permanecer el tiempo que fuera necesario y como argumento el estar cerca de sus hijas, situación que antes había pasado desapercibida pues en el tiempo de encierro y pandemia, nuestras hijas tomando clases virtuales y nosotros laborando desde casa, no había propuesta de alguna salida juntos, ni para hacer deporte o para despejar nuestra mentes.

Y así pasaron dos meses, llena de ansiedad, hasta que un día de diciembre del 2020 la presión de Frida, mi hija de 13 años había descendido notablemente hasta quedarse sin fuerzas para sostenerse y no despertaba después de más de doce horas de sueño, por un momento pensé que moría, porque al intentar levantarla parecía una muñeca de trapo, busqué un médico y acudió a casa para tomar sus signos vitales y después de una ingesta de alimentos que indicó volvió en sí hasta que se le estabilizó la presión; en esa misma semana de lo acontecido y después de buscar alternativas para la atención emocional de Frida busqué instancias de ayuda psicológica por segunda ocasión, solo que esta vez a través de instancias gubernamentales, hasta que llegué a la instancia en mi país de protección a los menores y a la mujer, donde me canalizaron a una dependencia de Gobierno donde se da a apoyo para salud mental, donde después de una entrevista canalizaron a Frida a terapia psicológica y psiquiátrica para salir de ese cuadro de encierro emocional, que no expresaba ni a su padre ni a mí y mucho menos a los médicos de la salud quienes me reportaban que no quería cooperar y fue medicada por un lapso de tiempo para que volviera a recuperar un poco su alegría y a realizar sus actividades más básicas, pues había perdido la alegría en todo y de comunicarse con sus amigas quienes me preguntaban ¿qué pasaba con Frida? pues se comportaba indiferente y no les respondía los mensajes, además de que en casa solo se aseaba, comía y dormía, no quería colaborar en casa y tenía estado irritable.

Debo decir que todas estas situaciones las enfrentaba sola sin comunicar a mi familia ni a la de Alberto, solo éramos nosotros cuatro en casa que sabíamos lo que acontecía y así como esto, había afrontado muchas cosas sola desde la infancia, sin buscar ayuda emocional de ningún tipo. Primero brindé la ayuda a mis hijas y yo no busqué la propia, lo que recibí en dos o tres ocasiones fue la atención de una psicóloga de la dependencia a la que llegué buscando ayuda y en la que se me hizo saber que vivía violencia psicológica y física lo cual en su momento no lo digerí así, porque yo sentía que a otras mujeres les iba peor que a mí, pues las golpeaban hasta dejarlas casi sin vida; hasta después comprendí que la violencia existe de distintas maneras y sin importar la magnitud no deja de ser violencia.

Recordé también, que tiempo atrás, a la única ayuda que había recurrido era la de guías espirituales, tres sacerdotes a los que yo había podido externarles lo que me estaba sucediendo, respecto a la infidelidad del padre de mis hijas y demás enfermedades repentinas que presentaba, así como de ruidos extraños en casa y una situación paranormal pues en alguna ocasión sentí que alguien apretó fuertemente mi cuello sin haber visiblemente alguna persona y yo estaba despierta, todo eso transcurrió en el tiempo que Alberto estaba con la joven que mantuvo una relación; sin embargo, el último guía al que recurrí, sabiamente me dijo que la decisión era mía e hizo una oración para que el Espíritu Santo me guiara y pudiera tomar la mejor decisión, es decir no me dijo que hacer, sino que yo misma tuve que discernir y tomar una decisión, ayuda que busqué porque en ese año del 2015 estaba en una disputa con Alberto por la casa en la que habitábamos y en aquel tiempo me exigía el 50% para que él rehiciera su vida y pudiera irse con su amante, una mujer más joven que yo por 11 años y menor que él por 18 años, en esos años yo tenía 38 años. Yo me resistía a vender nuestro patrimonio y cegada por el coraje de la traición no quería ceder a realizar esa acción y no pude aceptarlo habiendo recibido en consejo espiritual por mi segundo guía que debería proceder como la parábola del hijo pródigo (Lucas 15: 11-32), que en mi caso me dijo da aquel lo que corresponde y él sabrá lo que hace con su dinero, situación que como humana no comprendí y no quería acceder, sin darme cuenta que solo estaba utilizando ese medio de no ceder, para no dejarlo libre, en realidad ni siquiera pensaba si lo amaba, era más fuerte mi enojo y no tenía esa calma y paz para discernir qué era lo mejor, pues pude recordar que una vez descubierta esa infidelidad de Alberto, de forma equivocada hice cosas en contra de mi propia dignidad de esposa y de mujer, pues aunque yo sabía que salía en repetidas ocasiones con la otra mujer, yo lo aceptaba como si nada en mi lecho matrimonial y accedía a cualquier tipo de solicitud de deseos sexuales desenfrenados de su parte, pues yo creía que de esa forma lo podía retener, al punto de haberme forzado a tener una relación de una forma que yo no estaba de acuerdo, lo que después comprendí que era una violación, al permitir ese acto, yo no me había dado cuenta en ese tiempo que estaba cayendo en lo más bajo de mi dignidad de mujer, pues no existía el amor propio, simplemente no sabía amarme, no reflexionaba, ni siquiera me detenía a pensar que era lo que realmente quería, pues todo iba en decadencia y pese a cumplir todas las exigencias del que era mi esposo y a las bajezas recibidas, yo pensaba que debía cumplir como esposa, yo decía aún que lo amaba y perdonaría todo, con una angustia y ansiedad que carcomía mi ser y me hacía cada vez más infeliz; yo desconocía en ese tiempo el término de dependencia y codependencia, enfermedades emocionales ligadas a las huellas de la infancia.

Mis prejuicios y lo que pensaran los demás pesó más en aquellos años, tenía miedo a que los demás pensaran, que no había sido suficiente mujer y esposa, sentía vergüenza de mí misma, esa mujer era yo, insegura, tímida, carente y de paso con una autoestima muy baja, que apaciguaba con la máscara de mis escasos logros profesionales, pues me había propuesto concluir una carrera universitaria con méritos y haber conseguido un empleo si no bien remunerado al menos suficiente para vivir modestamente.

En todos esos momentos de duda hubiese querido que alguien me dijera haz esto, haz aquello y no hubo nadie en quien sentir ese apoyo, me sumía en mi introversión y muy en el fondo de mi ser yo sabía que la decisión era mía y de nadie más, porque había aprendido desde muy niña a tomar mis propias decisiones, pues el ejemplo de mi madre, de ser una mujer luchona y que lo podía todo ella sola, me llevó a acrecentar mi codependencia y a querer a hacer a todo el mundo feliz menos yo, a sentirme necesitada, a pensar en todos primero y yo al final, a dar lo que no tenía ni en amor propio y en lo material, y mi madre también me repetía que las mujeres fuertes no lloraban y yo fui muy sensible desde niña y por todo lloraba, así aprendí a reprimir mis sentimientos, a fingirme fuerte cuando por dentro gritaba de dolor y con unas enormes ganar de llorar.

Había aprendido a resolver mis problemas sola y por mis propios medios, lo cual me llevó a tomar roles equivocados al tomar un papel que no me correspondía, de madre y padre a la vez, cuando el padre de mis hijas decía no poder o tener la iniciativa de hacer algo lo hacía yo, escuchando de forma más recurrente — tú ganas más —, — no me alcanza —, — no puedo —, — no es necesario —, — para qué —, propiciando yo misma a dar esa comodidad a

Alberto de no esforzarse por lograr ciertos retos que me proponía para el bienestar familiar y que al no sumarse los realizaba yo sola, algunas veces rebasando mi capacidad financiera al grado de tocar fondo y perder mis créditos bancarios y mi buen historial crediticio, que con el tiempo tuve que subsanar.

Todas mis metas en el plano material estaban enfocadas a tener las comodidades que tanto Alberto y yo no habíamos tenido en la infancia, con la finalidad de lograr lo que me proponía, organizaba todo en casa y en las finanzas sin considerar la opinión de mi pareja pues consideraba que si no aportaba no tenía derecho de opinar, restándole autoridad en casa en su rol de padre de familia y el de cuidar y procurar el bienestar mío y de nuestras hijas, situación que no le incomodaba y al paso del tiempo le resultaba cómodo porque no tenía metas que perseguir y él estaba en un estado de confort que yo misma propicié y con el paso del tiempo pude reconocer mis fallas y hacerme responsable de todas mis acciones, porque de todo lo acontecido yo también fui protagonista y cooperé para que sucediera, mi huella de abandono en la infancia y el miedo a la soledad me hacía aferrarme a las personas y no soltar, motivo por el cual yo hacía todo lo posible por conseguir lo que me proponía, sin importar mi bienestar, mi arreglo personal, siempre estaban primero Alberto y mis hijas y después yo, me sentía inmerecedora de lo que yo misma trabajaba, me sentía culpable de gastar en mí, por todas las carencias tanto económicas y de afecto que no tuve en mi tierna infancia. Sumado a todo lo anterior, estaban las palabras que escuchaba en el núcleo familiar de mis abuelos maternos con los que crecí, de que todo lo que yo decidía yo lo había elegido y tenía que aguantar mi cruz y que cada quien se busca lo que tiene y al recordar esto, no tenía el consuelo ni el coraje de decirle al menos a mi madre lo que me pasaba e intentaba resolverlo sola, no tenía con quien platicar de mis asuntos y lo que sentía en mis adentros, tenía miedo a que me juzgaran y que me dijeran que no era lo correcto y lejos de brindarme una ayuda, iba a recibir un regaño, una llamada de atención o un ¡tú te lo buscaste! y en aquellos momentos era lo que menos necesitaba.

En medio de todos estos problemas y durante el lapso de dos meses, sentí los peores tormentos en mi mente, a veces pensaba que Alberto ya se iba de casa, o yo salía de casa llevándome a mis hijas, pero de repente me detenía por escuchar a otras personas que hicieron algo parecido y las acusaron de secuestro de sus propios hijos y yo había considerado esta posibilidad o de irme a un albergue solo que emocionalmente no era lo más recomendable para mis hijas, ya que de acuerdo a una plática con la psicóloga de un albergue, podrían resentir la situación, posteriormente supe que podía irme de casa con una protección legal tramitada con anterioridad a los hechos.

Transcurrieron todavía cerca de dos meses más y mi hija Frida seguía en una depresión profunda y continué llevándola a consulta psicológica y psiquiátrica sola sin el acompañamiento de Alberto a quien no le comenté de este tratamiento porque aparte de no interesarse por la recuperación emocional de Frida, tenía miedo de que no estuviera de acuerdo y se lo oculté, sin embargo después de la primer consulta y de recibido el carnet de consultas lo dejé a la vista sobre un mueble para que él revisara y ni así me preguntaba. Un día de diciembre de 2020 cercano a la navidad, Alberto en un tono molesto, después de escuchar que Frida no quería tomar el medicamento, intervino y me solicitó de una forma imponente más detalles de lo que pasaba con Frida y exclamando ¡te hago totalmente responsable de la salud de nuestra hija y de lo que le pase de aquí en adelante!, haciéndome sentir más culpable. Ante esta situación y ante el calor de la discusión, Diana mi hija mayor intervino solicitando a su padre se retirara de casa porque dijo estar cansada de la situación que estábamos viviendo y Alberto le dijo — me iré de casa solo si estás segura de que me vaya — a lo que ella respondió que sí, por lo que al siguiente día así lo hizo. Durante la primera semana que Alberto se fue de casa me costó la adaptación, sentía que había un espacio vacío en casa y por otro lado sentía una profunda paz, sin la necesidad de que estuviera a mi lado.

2
Los recuerdos dormidos en mi ser

Después de varios desencuentros con Alberto, después de irse de casa a un lugar cercano del que había sido nuestro hogar, seguía acosándome con el argumento de ver a sus hijas, un día me persiguió hasta casa y la única forma de retirarlo fue decirle — si me sigues molestando llamo a la policía — y lo dije porque tenía una restricción de no acercarse a mí y a mis hijas, lo que incrementó la tensión entre nosotros.

Además del acoso de Alberto, me había quedado sola en este proceso de divorcio, pues mi madre Teresa y mi hermana Sofía decidieron no apoyarme sino al padre de mis hijas, lo que me llevó a sentirme sola y relegada de mi propia familia, ellas eran después de mis hijas la única familia que yo tenía, con las que había vivido mientras estuve soltera, ahora tenía que continuar sola con mis únicos motores Diana y Frida, quienes también se estaban rindiendo y venían atravesando procesos depresivos por la ruptura matrimonial y tiempo atrás por la escena de violencia de su padre contra mí, habiendo manifestado Diana que quería suicidarse, prendiéndose una alarma en mi corazón de que las cosas no iban por buen camino, tenía que hacer algo por ellas y por mí.

Después de ese suceso busqué ayuda psicológica para mis hijas y otra vez como anteriores ocasiones, no había buscado ayuda para mí, porque siempre me había sentido una mujer fuerte, así como decía mi madre que debía ser, una mujer que no necesitaba a nadie a su lado para superar los problemas, puesto que ella había salido adelante sola conmigo y mi hermana Sofía, así que esta vez tampoco busqué apoyo emocional y no recurrí a mis amigas para contarles un poco de mis problemas, solo pasaba por mi mente que ellas también podían tener problemas. Años atrás, cuando tuve necesidad de platicar con alguien acudí en tres ocasiones a buscar ayuda espiritual en las iglesias, con algunos sacerdotes que una conocida me había recomendado, quienes al escucharme y darme consejo aliviaron un poco mis penas, pero lo más profundo aún habitaba en mi ser.

Después de un par de meses me encontré a mi amigo Daniel, aquel amigo con el que yo estaba hablando por teléfono aquella noche que Alberto se avalanzó sobre mí, le conté lo que había pasado … que me había separado y algunos otros sucesos transcurridos en el periodo de pandemia, en el cual no nos vimos … solo conversamos en algunas ocasiones por teléfono y fue cuando me preguntó si estaba dispuesta a dejar de sufrir y saber porque vivía como lo hacía, que solo era cuestión que me decidiera para llevarme a ese lugar donde mi vida cambiaría y acepté; ese mismo día me dio una dirección y el nombre de quien me recibiría, acudí a ese lugar para conocer sobre ese proceso y en esa misma semana asistí a reuniones donde conocí a un grupo de personas, que a través de presentarse, hablaban un poco de su vida y me hicieron saber que ya no eran los mismos de antes, que habían sanado de sus emociones y luchaban todavía por sanar día a día, quienes me prepararon para asistir a un encuentro conmigo misma en un fin de semana maravillo, el cual jamás olvidaré, ese lugar fue para mí como un paraíso por todo lo que allí encontré, es como si hubiese abierto un cofre con un tesoro que por muchos años había quedado sepultado y perdido bajo unos cuantos metros de tierra pantanosa donde estaba dormido mi ser.

Allí, en ese lugar pude retroceder y visualizarme desde que era una niña y todo el recorrido que hice de mi vida hasta ese momento, fue como si hubiese muerto y hubiera visto escenas de mi vida. Ese fin de semana, supe que espiritualmente estaba muerta y que por todo lo que había luchado solo era para llenar mis vacíos existenciales, mis carencias emocionales y en mi caso, siempre me había obsesionado por obtener cosas materiales pensando que así sería feliz, sin embargo, fue hasta ese momento que comprendí que había logrado cosas que no había disfrutado y no daba gracias por cada amanecer, me había olvidado de que estaba viva, de que cada despertar era una oportunidad para ser feliz y no me había detenido en ese punto, solo vivía por vivir, como una plantita o como una mascotita, sin apreciar lo maravillosa que es la vida.

En el proceso del despertar de mi consciencia, empecé a buscar en lo más profundo de mis recuerdos, allí empecé a ver a una niña asustada, solitaria, esta parte que no había tenido presente, tuve que regresar a mi pasado a esa tierna infancia, me pude ver debajo de una cama con ganas de dormir y de nunca despertar, lo que ahora equivaldría a una depresión infantil, otras veces me vi jugando sola, algunas otras ocasiones me vi pensativa un tanto distraída del mundo e imaginando cómo sería mi vida en un futuro, me gustaba soñar. De repente, si mi madre me regañaba, yo me quería dormir, decía que ya no quería despertar, era una niña tranquila y a la vez muy curiosa porque me gustaba explorar y por esa curiosidad llegué a meter algunas cosas en mi nariz solamente por jugar, me gustaba aspirar granitos de maíz, de frijol, chile, sin saber que pudiese ocasionar algún accidente o incluso mi muerte, porque lo hacía hasta atrapar las semillas en mis fosas nasales y un cierto día se quedó atrapado un chile que se maduró en mi fosa nasal y estuve en riesgo de muerte por asfixia. También recordé otra ocasión, donde metí un pasador metálico que ocupaba mi madre en el cabello y lo introduje en una conexión de luz, recibiendo un impacto eléctrico el cual me lanzó a unos cuantos metros de distancia, sobreviviendo a ese hecho; esto sucedía cuando estaba en paz, en calma, cuando no jugaba con mis vecinitos y pensaba en esa edad si era la única niña que hacía eso.

Recordé cuando tenía la edad de 5 años y hablé con Dios y le dije: — yo no tengo papá, quiero que tú seas mi papá, me guíes y me acompañes —, recuerdo en la profundidad de esos recuerdos, tener la sensación de que alguien me tomó de la mano y sentí una luz que descendía en mí. Además de todo esto, pude ver como un primo mayor, que en aquel tiempo tenía 16 años, otro nieto criado por mis abuelos maternos, en total 7 nietos, entre ellos yo, hija de Teresa mi madre y otros 6 más, hijos de otras 3 tías que los dejaron al cuidado de mis abuelitos, aunque de todos, la única que permanecía a mi lado era mi madre y también brindaba apoyo a mi abuela materna para el cuidado de ellos. Recuerdo como un día ese primo de nombre Roberto me llevó al campo con engaños, tocó mi cuerpo y me hizo que yo tocara su miembro, este recuerdo causó en mi náuseas y asco y empecé a llorar porque había sido quien había robado mi inocencia, pues yo era solo una niña que no tenía la menor idea de lo sucedido, ese hecho había marcado mi vida para siempre pues a la edad de 43 años lo podía recordar, hecho que al recordarlo no fue grato, en ese momento empezó a despertar en mí ese recuerdo y empecé a sentir un gran rencor, un gran dolor y resurgía en mí un odio hacia mi madre, lo podía sentir aunque me resistiera.

Después empecé a encontrar heridas más profundas, como el recordar cuando era niña, que no me habían comprado juguetes el día de Reyes y la única vez que había pedido algo porque me fascinaba ir a la escuela, a la edad de seis años, yo pedí un juego geométrico y no me llegó y estuve revisando mi cartita bajo la cama por dos o tres días, porque pensaba que me equivocaba de día y sentí una gran decepción, nunca más volví a pedir nada, estas situaciones se fueron sumando a mis recuerdos y fui identificando poco a poco lo más doloroso y profundo que no quería recordar.

Recordé también que tenía un vecino que se alcoholizada y cuando llegaba a su casa muy alterado, gritaba e insultaba a su esposa Lupita, por lo que sus hijos y dos de sus sobrinos salían despavoridos a esconderse y en algunas ocasiones se refugiaban en casa de mis abuelos porque éramos sus vecinos en el pueblo y en la cual vivíamos cuando no estábamos en el rancho, el cual se encontraba a una hora de allí, al cual íbamos cuando no teníamos clases, en fines de semana o vacaciones o cuando estábamos pequeños sin edad de ir a la escuela. A casa de Lupita mi vecina iba a ver la televisión porque nosotros no teníamos y en varias ocasiones salí corriendo de allí, porque le tenía miedo a su esposo Juan, porque solo llegaba a discutir con ella y a golpearla.

Había otros tantos recuerdos de cuando iba a la escuela, con una misma mochila de tela de manta, la cual llevé desde primero de primaria hasta el sexto grado, la recordé bien y los dibujitos que tenía, allí me vi como acudía solita a la escuela, porque mi madre no me llevaba, me acompañaba en ese recorrido con mis vecinitos y mis primos que vivían con mis abuelitos. Esa escena me causó mucha tristeza porque me sentía sola, no veía a mi madre en esos recuerdos, además de que no recordaba algún besito o un abrazo, ni escuchar decirle que me quería o alguna palabra de cariño, estaba sintiendo en mi ser al recordar, solo un profundo resentimiento hacia ella y era la explicación que estaba buscando del por qué yo no podía abrazarla, sentía que una vez que fui creciendo yo también la rechazaba muy dentro de mí y esa sensación no era grata porque me habían enseñado que a los padres se les debía respetar, pero en ese recuerdo, pude descubrir que llegué a sentir y pensar que la odiaba, porque me había dejado sola cuando más la necesitaba y lo que no le perdonaba en mi interior es que hubiese dejado que me tocaran cuando niña y me preguntaba una y otra vez ¿dónde estaba mi madre que permitió que todo esto pasara?.

En la etapa de secundaria recordé que a mis 11 años, mi abuelito Tellito, dada las circunstancias, vendió un rancho que tenía y decidió heredar en vida lo que obtuvo de esa venta al menor de sus hijos, ante tal situación, mi madre se vio en la necesidad de trabajar y a partir de esa edad me tocó apoyarla, trabajar con ella en una cooperativa de alimentos en la escuela en la que estudiaba, allí en el pueblo en el que viví mi infancia y mi adolescencia. Mi madre era una mujer temerosa, aunque era fuerte, me di cuenta que era muy controladora y temía que su historia se repitiera conmigo porque me prohibía tener amigos y mucho menos se me ocurriera tener novios, me decía que tenía que ir de la escuela derechito a la casa, sin perder el tiempo y no me quedara a platicar con nadie y menos en compañía de algún joven que me pretendiera. En esa etapa de secundaria, a la hora del receso yo tenía que salir a ayudarla sin tener un espacio para platicar con algún compañero de clase o divertirme con ellos, esa vida se me hacía un poco cansada para mi edad y a veces un tanto rutinaria. Recuerdo que siempre me refugié en la escuela, adoraba el olor de los libros, el olor a nuevo, era una inmensa alegría percibir ese aroma que tienen después de ser impresos, lo cual me motivaba cada día a continuar escalando en mi preparación académica, además me esmeraba por obtener buenas notas y mis maestros me felicitaban por ello, me proponían para concursos escolares o de poesía y me sentía muy querida por ellos, al grado de tener la sensación en aquellos años de haber deseado pertenecer a una familia como la de mis maestros, donde estaba papá, mamá e hijos y no una familia como la mía, en la que solo tenía a mi madre y no estaba conmigo mi padre, me llegué a sentir sola y abandonada.

Tuve el cariño de mis abuelos, quienes también habían vivido en el campo con sus padres y los habían hecho personas de trabajo, sin embargo, eran personas que aunque tenían activos: rancho, animales vacunos, porcinos, ovinos, cultivos, etc., no consideraban vivir con comodidades y disfrutar de lo que trabajaban y esta situación pude recordar que no me agradaba, porque sentía que hubiésemos podido vivir mejor, sin carencias materiales y no haber tenido que trabajar tanto; mis abuelitos maternos simplemente decidían enfocarse en lo que era el alimento, el vestido y no estaban preocupados que una niña como yo tuviera juguetes, aun con toda esa carencia, recuerdo con mucho cariño cómo me protegieron y me cuidaron a su manera, porque al menos alimento nunca me faltó, así me demostraban su cariño, a su manera, sin embargo, al recordarlo ya siendo una mujer adulta, sentía un dolor en mi corazón.

3
La búsqueda equivocada de mi felicidad

Continuando con el despertar de la consciencia, en mi proceso de sanación de emociones, seguí reviviendo los recuerdos del pasado, haciendo ese ejercicio de autoconocimiento, me sumergí en el pantano de mi vida, seguía recordando que, cuando llegó el momento de tomar una decisión, a la edad de 17 años, elegí estudiar una carrera universitaria, pensé que todas las cosas que yo había anhelado se iban a cumplir, de hecho, me esforcé muchísimo para que esto se hiciera realidad.

Otro recuerdo más fue la elección de mi carrera, la cual elegí no porque me gustara o supiera de que se tratara, sino porque era lo único que yo había escuchado en casa, esa carrera que iba a estudiar el menor de los hijos de mi abuelito Tellito y como niña sentí que él se puso triste y esa noticia no le vino bien, cuando se enteró que su único hijo al que le dio la oportunidad de estudiar una carrera Universitaria no la aprovechó, así que yo puse sobre mis pequeños hombros esa responsabilidad para que mi abuelito tuviera la satisfacción que no había podido darle su hijo. Desde allí empecé a identificar que mis decisiones iban en razón de los demás y quienes me rodeaban fueran felices, es decir, descubrí que desde pequeña no pensaba en mí, me sentía responsable de darle felicidad a mi abuelito al que yo quise como mi padre, a falta de mi padre biológico, él me crio y me dio lo necesario; en este acto de amor hacia mi abuelito, ya me estaba confundiendo, empezaba a dar a otros lo que yo no había recibido, el primer paso a la Codependencia, volverme una mujer rescatadora de aquellos seres sufridos, infelices y abandonados, aquellos que con mi amor yo creía iba a hacer felices e iban a cambiar por solo ese hecho, esto de acuerdo a lo que iba comprendiendo, aclarando que lo que aquí les comparto es mi vida personal y la explicación que encontré a este tema de dependencia y codependencia, enfermedades emocionales, que me diagnosticaron en mi proceso de sanación interior y sobre las cuales me he venido enfocando para ser una mujer que se ama, valora y procura y que no pospone más su felicidad, que intenta vivir cada día disfrutándolo como si fuera el último.

En esta comprensión del pasado y pudiendo reconocerme como fui, sin juzgarme y al irme aceptando y perdonando por todo ello, sentía como las cargas que traía a cuestas iban quedando atrás. Iba comprendiendo que cuando uno quiere que los demás sean felices sin que uno sienta esa felicidad primero, no llega uno a amar de la forma correcta y lo hace uno desde el plano tóxico, donde están activadas todas las huellas que formaron nuestras inseguridades y baja autoestima, que en mi caso me llevaron a tomar decisiones equivocadas y a cometer errores con los seres que me rodearon y que dije amar, el padre de mis hijas, mi madre, mis hijas y principalmente conmigo misma.

En este libro no pretendo dar cátedra de cuestiones psicológicas, más bien compartir contigo lo vivido y lo que comprendí en mi sanación interior al averiguar sobre mis enfermedades emocionales; además, empecé a nutrirme mejor, a cuidar mi cuerpo y darle gracias, empecé a ver videos en youtube de psicología y de autoayuda, en general, busqué los medios para sentirme mejor y lo más importante, en el sentido espiritual tener un contacto más cercano con Dios.

Empecé a sentir cada vez más la apertura de mi consciencia y la búsqueda de lo que en realidad me había llevado a actuar y vivir de la forma que lo hice. Cuando yo ingresé a la universidad, tenía 17 años y a esa edad pensaba que ser alguien en la vida era lograr una profesión, tener algún puesto importante y generar dinero. De hecho, todo esto lo fui construyendo de una forma tan ansiosa porque lo único que deseaba profundamente, era terminar mi carrera, de la cual no disfruté el trayecto, porque había tenido que trabajar desde el cuarto semestre de la misma a través de una beca de trabajo, además de estudiar debía realizar mis actividades de limpieza y cocina en mi cuarto estudiante, ya que desde que salí de mi pueblo hacia donde estaba mi Universidad, me hice cargo de mi vida, solo con la bendición de mi madre, quien no me acompañó en esta travesía, porque me dijo "o me voy contigo o sigo en la cooperativa de alimentos para poder mantenerte y darte estudios". Terminé mi carrera Universitaria con mucho esfuerzo, sin dinero en algunas ocasiones en mi monedero, otras veces sin tener que comer en un día, con muchas limitaciones y lo único que anhelaba era concluir mis estudios universitarios para poder trabajar.

En realidad, no recuerdo haber disfrutado esta etapa universitaria, en la cual también me esforcé por aprender otros idiomas, como el inglés y francés, para tener un conocimiento general, lo cual dejé inconcluso cuando me casé y después llegaron mis hijas.

Mientras fui estudiante, todo lo organizaba sola, mis horarios, mis alimentos, mi trabajo como becaria para prestar mi servicio de práctica profesional y por momentos si sentía la necesidad de tener a mi madre a mi lado y me esperara al menos en alguna ocasión con un plato de sopa calientita, como lo hacían las madres de otros compañeros, pero en mi caso yo sabía que no podía ser así, porque mi madre tenía que trabajar para que yo estudiara. Mi madre solo me giraba el dinero y yo tenía que administrarlo por semana y a veces no alcanzaba y en el tiempo que viví con otras estudiantes compartiendo la renta de un departamento, se daban cuenta que a veces no había probado alimento y me invitaban porque a mí me daba pena pedirles algo de comida por la educación recibida de casa de que no debía pedir cuando algo se me antojara.

Otro recuerdo más fue que la salida de mi pueblo hacia la ciudad donde estudiaría la Universidad, lo hice sola, con un poco de nervios porque no conocía la ciudad y solo llevaba en mano una dirección que me dio mi madre para llegar a un departamento en los que vivían los hijos de una conocida de mi madre, llevaba consigo solo un poco de ropa y la dirección en mano. El inicio de esta travesía no fue fácil, porque al departamento que llegué vivían 5 jóvenes estudiantes, 4 chicas y un chico y me sumé yo; lo que mi madre me daba para mis gastos no era suficiente para colaborar con los padres de estos estudiantes y como era de esperarse, no pasaron más de tres meses, cuando en un atardecer, me dijo la hermana mayor de todos que ya no podía permanecer, en ese momento tomé mi ropa, mis pocas pertenencias, le marqué a mi tío Alejandro que vivía en la ciudad donde estudiaba y le pedí alojamiento en lo que buscaba un lugar; salí de ese departamento con un desconsuelo en mi corazón porque me sentí rechazada y pensaba otra vez que era porque no tenía dinero y no aportaba lo suficiente, por eso me habían corrido.

En casa de mi tío Alejandro, él y su esposa continuamente tenían problemas y discutían, solo que ante la necesidad de no tener a donde ir le pedí alojamiento y para pagar mi estadía yo ayudaba haciendo las labores domésticas de su casa, las cuales había aprendido desde niña y así lo hice.

Desde que llegué a casa de mi tío, el ambiente era tenso y percibía que los problemas aumentaban en su matrimonio por lo que solo duré allí en su casa unos dos meses, porque no conseguía concentrarme en mis estudios del todo, aunado a que mis sobrinas aún eran pequeñas, más los quehaceres que realizaba, terminaba agotada para estudiar. Todas estas situaciones hacían más tortuoso el camino para lograr culminar mi carrera universitaria. Llegó el momento en el que también tomé la decisión de irme, de decirle a mi madre si podía apoyarme y con esfuerzos me pagó una pensión para estudiantes y así lo hizo, logrado con la ayuda de una de las jóvenes con las que había vivido cuando llegué a la ciudad, creo me tomó aprecio y estábamos en comunicación y me recomendó con una amiga de ella para compartir un departamento y compartir los gastos, una vez que platiqué con ella le comuniqué a mi tío mi decisión y me acompañó a dejar mis cosas, que era solo una camita de campaña, mi ropa y mis libros.

Ya como mujer adulta pude comprender y no juzgar a mis tíos, entendí que también necesitaban su espacio como pareja y reflexioné que fue la mejor decisión que pude haber tomado dedicarme a mis estudios y ellos continuar su vida.

Al mes siguiente de haber ingresado a la Universidad, en septiembre de 1997 conocí al que después de seis años de noviazgo sería el padre de mis hijas, fue mi primer novio, mayor que yo por 7 años solo que no aparentaba esa edad, fue la persona que yo idealicé como perfecta y según yo era lo que había esperado, desde niña era soñadora, había imaginado a la persona con la que sería feliz para siempre, lo que más tranquilidad me daba era que él no tomaba, ni fumaba, pensando que al menos no sufriría como mi vecina Lupita en el pueblo a la que yo escuchaba que su esposo maltrataba.

Cuando conocí a Alberto empezó a contarme de su vida y yo le empecé a contar de la mía y pronto nos hicimos amigos, al mes ya éramos novios.

Desde entonces la relación se fue haciendo más profunda, recuerdo que me iba a ver al departamento donde vivía con Esther y sus dos hermanas, él me llevaba rosas, era detallista y cada vez que podía me escribía algunas cartas y eso me llenaba de felicidad, pensaba que eso era el amor y transcurridos cinco años de esa relación me pidió que nos casáramos. De hecho, yo le pedí esperar todavía un año más, para que una vez que concluyera mi carrera, pudiera trabajar y apoyar a mi madre, que en ese tiempo había llegado a radicar a la ciudad en la que yo estudiaba trayendo a mi hermana menor para estudiar la preparatoria. Pasado el año y cumpliéndose el plazo, nos casamos. En esa pedida de mano no hubo ninguna emoción, Alberto no trajo a sus padres, no hubo ninguna celebración romántica ni un anillo de compromiso ni de juguete al menos, yo realmente me sentía enamorada y a eso no le tomé importancia, ni al hecho de que mi madre se negó a dar el consentimiento ante el argumento que yo tenía conocer otras personas y decidir mejor, porque ya anteponía el fracaso a mi matrimonio porque a solas me dijo que no me casara que todos los hombres eran iguales, que todos traicionan y que terminaría sola y engañada.

Había sido mi sueño, casarme por la iglesia, vestida de blanco, con alfombra roja hasta el altar y con un coro entonando el Ave María acompañado de violines y para hacerlo realidad fue necesario buscar padrinos y aportar mis ahorros y sumarlos a los de Alberto, porque nuestros padres no nos brindaron apoyo económico, nosotros nos hicimos cargo de la mayoría de los gastos, mi madre Teresa y sus padres Marina y Pablo solo hicieron acto de presencia, sin colaborar en nuestra organización, debido a que los padres de Alberto como mi madre, no tenían recursos económicos.

Por lo que recuerdo, los primeros tres o cuatro años, tanto Alberto como yo, nos esmeramos por tener un trabajo seguro, hasta que logramos tener una plaza en una institución educativa, en ese tiempo nos esforzamos por tener nuestra propia casa y comprarnos un auto, y en este trayecto después de cuatro años llegó al mundo nuestra primera hija Diana y dos años más tarde Frida, de ambas fue una sorpresa recibirlas porque no queríamos saber si sería un niño o una niña, nos daba emoción que fuera sorpresa. Las primeras banderas rojas existieron desde el inicio de nuestro matrimonio, porque una vez que compramos el auto Alberto empezó a salir con sus compañeros (as) de trabajo a algún partido de futbol o a un convivio nocturno, a los cuales no me invitaba para acompañarlo y esto sucedió durante mi primer embarazo y como toda mujer temerosa al abandono presentía que algo podía suceder.

Transcurrió el tiempo, recuerdo que nos esforzamos tanto por conseguir un terreno, hasta que lo logramos para hacer nuestra casita. Esto me implicó trabajar hasta dos turnos ya estando embarazada de mi primera hija Diana, sentía la presión y el estrés, el embarazo, el cansancio, el trabajo, la casa y recuerdo que no había un momento para nosotros, disfrutábamos tan poco de lo que trabajábamos. Recuerdo que fue una vida apresurada, sin dar una pausa, sin disfrutar, muy pocas veces salíamos, nuestras vacaciones solamente eran de visitas a casa de los padres de Alberto y realmente no había un receso familiar donde estuviésemos nosotros solos y después con nuestras pequeñas hijas. Lo anterior aunado a que Alberto no se sumaba en las labores de casa y yo desde el inicio de nuestro matrimonio no solicité su colaboración, pues lo sentía como una obligación de esposa eso había aprendido de los roles con mis abuelos maternos, razón por la cual yo terminaba agotada del trabajo, las labores de casa y las hijas, que mientras fueron pequeñas me apoyó en su cuidado mi madre y ahora viendo al pasado no fue la mejor decisión, ya que por la cercanía con nosotros y la convivencia se tomaba el derecho de opinar en nuestras vidas y nosotros no nos hicimos responsables al 100% de nuestras hijas. En las enfermedades de nuestra pequeñas hijas yo me desvelaba y si había que permanecer tiempo yo me quedaba en casa solicitando los permisos necesarios, lo mismo sucedió cuando nuestras hijas crecieron y había junta de padres de familia, la que acudía era yo, así como a las consultas médicas sin relevarme su padre, es decir, si había que quedarse y solicitar un permiso laboral lo tenía que hacer yo, lo que fue desequilibrando la relación desde el inicio, situación que yo permití y de la que ahora me hago responsable por lo que después me tocó vivir. Lo que sí recuerdo de forma positiva de Alberto, fue que expresó su amor a sus hijas estando en el vientre jugaba con ellas y les decía que las amaba, por parte de ambos fueron hijas deseadas y con la que me apoyó como madre primeriza fue con nuestra hija Diana, para dormirla por las noches casi hasta cumplir el año. Durante los primeros años de vida de nuestras hijas, Alberto trabajaba doble turno, por lo que solo las veía por las noches y fines de semana.

Como esposa, admito que no siempre cedí ante todas las cosas que Alberto me solicitaba, haciéndose él una persona que dependía de mí y yo tomando roles que no me correspondían. Al ver todo desde fuera, de cómo había sido mi vida, como si estuviera viendo una película comprendí tantas cosas, del actuar de ambos, de Alberto evadiendo en algunas ocasiones el rol de padre, de esposo, de jefe de familia y yo cuando él no lo hacía, lo asumía equivocadamente, tomando los roles de madre y de padre, como si algo dentro de mía dijera ¡si él no puede, tú si puedes¡, todo encaminado a una lucha de egos, el cual en mi caso era constante porque yo quería evitar a toda costa sentirme dominada por alguien más, acostumbrada al dolor tenía miedo a que me lastimaran, lo cual equilibraba con mi orgullo, imponiendo mis propias reglas y volviéndome controladora pretendiendo que las cosas fueran a mi manera, por lo cual debo decir que también aporté para esa decadencia en nuestro matrimonio y el amor se fue esfumando poco a poco, si algo teníamos los dos era demasiado orgullo para comunicarnos y ninguno de los dos cedía y la falta de comunicación para tomar acuerdos era casi imposible.

Mi trabajo profesional era por las mañanas y por la tarde me dedicaba completamente al hogar y con Alberto en la cuestión afectiva nos hicimos cada vez más distantes. Mi propósito desde que me casé era vivir de una forma una forma diferente, un poco más decorosa de la que viví en la infancia, cuestión que para Alberto significaba sólo exigencia de parte mía. Las situaciones se fueron acrecentando a un punto que transcurridos 11 años de matrimonio empezó a comportarse de una forma diferente, distante, las caricias ya no eran las mismas, las palabras, el acercamiento, el cariño y de inmediato tuve el presentimiento que algo no estaba bien.

Lo que yo presentía es que había otra persona, hay cosas que debo reconocer y regresando a ese pasado no fueron correctas, vistas con los ojos de una mujer que ya había despertado y estaba en la etapa de autoconocimiento y en ese pasado vi a una mujer insegura y carente del amor que no recibí de mis padres. Tuve que enfrentar mis propios demonios y mis propias dudas de una vida al límite, después de tener la sospecha de infidelidad de Alberto, lo encaré un día y le pregunté si había otra persona en su vida y en repetidas ocasiones lo negó, hasta que un día una de sus camisas estaba manchada de lápiz labial y encontré un prendedor en el auto que no era mío, lo que confirmaba mis sospechas pero no tenía la evidencia y me encargué a toda costa de buscar pruebas, después de esos sucesos me volví una mujer celosa y controladora, en ocasiones él apagaba su celular y yo le llamaba una y otra vez, situación que me molestaba sobremanera porque yo sabía que algo pasaba, que había alguien más y lo negaba, con su actitud me ponía mal, las cosas se convertían en reclamos y lo más doloroso es que en algunos momentos estaban presentes nuestras hijas sin prestar atención a este punto y por un lapso de un año me dediqué más a cuidar sus pasos en lugar de dar una atención verdadera a nuestras hijas, todo porque no sabía manejar mis emociones y mucho menos tener la firmeza para tomar una decisión sana, esto que ahora comprendo era una relación insana que solo me causaba daño y yo no sabía soltar, de una forma enferma e inconsciente Alberto se volvió para mí un trofeo en disputa para ver quien se quedaba con él, su amante o yo, lo cual no valía la pena porque como mujer no me estaba valorando y además Alberto se aprovechaba de esta situación porque sabía que yo no diría nada a su familia, ni a mi madre, porque ante ellos yo les decía que era buen padre y esposo, siempre anteponiendo el bienestar de otros antes que el mío, por mencionar algo, lo que me detuvo a decirle a su madre Marina, mi suegra, con la que yo tuve una excelente relación, porque la respeté y de igual forma me respetó y yo la quería mucho y sentía miedo de que su salud empeorara porque era diabética, por esta razón después de confirmar la infidelidad callé todavía por 4 años, hasta que un día la madre de

Alberto murió por complicaciones de su enfermedad y después de allí todo empeoró, Alberto se volvió descarado y se ausentó de casa en una ocasión por 3 días y en otra ocasión por 4 días, me dijo que era una comisión de trabajo y en esa ocasión se fue sin despedirse y solo dejó un mensaje con mi madre Teresa, teniendo el presentimiento de que no era asunto de trabajo, había asistido con su amante a un congreso a un estado del norte de México, situación que confirmé mediante un perfil en una red social de su amante, porque había logrado rastrearla y todo lo que hacía lo publicaba, esta parte que ahora comprendo que es un situación desgastante para una mujer que se valora y se ama, porque cuando una mujer realmente se ama no cuida ni vigila a nadie porque sabe lo que vale y si esto pasa simplemente suelta y continua y no se aferra a alguien que no vale la pena, sin embargo en aquel momento no lo pensé así, yo tenía la idea que a un esposo había que cuidarlo y defender una familia con uñas y dientes como decimos con frases con las que crecí y me creí "tú eres la catedral y las demás las capillas" y ahora que lo veo con una visión de sanidad esta es una situación enferma pues tanto un catedral como capilla en sentido figurado hablando de la esposa y amantes, duele de igual forma dependiendo del lugar que estés y se sufre cuando alguien no tiene el suficiente valor y honestidad para decir lo que quiere y defender su felicidad a la que tiene derecho sin tanto rodeo y sin darle vueltas, porque es mejor, al menos para mí saber una razón y sentir el dolor por un tiempo a sentirse traicionada, con incertidumbre y ansiedad, creo es más soportable una verdad que mil mentiras sin compasión y que se hace una muerte lenta como la que viví por cerca de 3 años, tiempo por el que en mi mente pasaron muchas cosas, empecé a sentir mucho dolor, me derrumbé y como tantas veces, callaba todo lo que sentía sin recurrir a nadie, a mi madre no recurría porque no sentía la confianza y además porque siempre había escuchado en la familia que lo que uno tiene es lo que uno busca, que es tu cruz y que lo debes de llevar a cuestas. La verdad, sí me pregunté en algún momento ¿en qué fallé? en aquel momento no vi mis fallas, pero si yo misma me lo dijera ahora me diría fallaste en buscar la felicidad donde no era, en dedicarte a construir lo material sin comprender que eso solo era el efecto de la carencia material que tuve, me diría te faltó disfrutar más a tus hijas, en que no te amaste, no dijiste lo que pensabas, tomaste roles que no te correspondías, te abandonaste por dar vida y felicidad a otros sin amarte tú y te aferraste a situaciones no sanas, también me diría no soltaste y te aferraste a una relación en la que te aferraste a una relación enferma, donde simplemente tenía que preguntar ¿quieres ser feliz? y decir con calma y tranquilidad ¡adelante ve, tienes derecho! solo que no tenía esta madurez y la forma de ver la vida de una forma diferente, porque estamos sometidos a los estándares de lo que una sociedad considera perfecto y que yo tuve miedo también de fallarle a las personas que estaban a mi alrededor pensando más en el qué dirán sin pensar en lo que yo realmente quería.

Lo que ahora sabía y percibía es que cuando retrocedí al pasado me vi y podía diferenciar en lo que no estuve bien y ahora ya no haría ni aceptaría en una relación, porque algo en mí había cambiado.

Durante tres años aproximadamente, atravesé por varias escenas de dolor, en el que todo en el hogar se tornaba sombrío, ya no había esperanza ni una ilusión para convivir en familia, con Alberto ya no platicaba ni había acuerdos, no había diálogo, éramos como unos témpanos de hielo en casa y la molestia de parte mía estaba presente porque no podía confirmar mis sospechas de infidelidad. En este periodo sentí la ausencia de fines de semana en las que se iba y yo me quedaba molesta y enojada y esta situación me causaba estrés y ansiedad, cada vez que salía.

Lo cual me llevaba a veces a reclamar, a ponerme de malas, incluso a veces hasta con mis hijas, porque yo no estaba bien, no había sanado mis heridas y no conocía esta enfermedad emocional de la dependencia y codependencia.

Un día cuando todo parecía derrumbarse dentro de mí, acudí a una plática de catequesis en la iglesia donde se preparaban para su confirmación mis hijas Diana y Frida, en esa ocasión nos pidieron que leyéramos el libro de Tobías, en la Biblia, previo a que yo viera lo que me cambiaría la vida. Para ese entonces sentía un gran vacío en mi corazón y la necesidad de hablar con Dios, para contarle lo que me estaba sucediendo porque ya no podía con tantas cosas guardadas.

Una noche, cuando Alberto había ido a una supuesta comisión de trabajo, me dispuse a leer el libro que nos habían encomendado, en ese momento estaba sola en mi cuarto, con ansiedad, preocupación y una opresión en mi corazón por el presentimiento que las cosas no estaban bien con Alberto y había una tercera persona en nuestra relación.

Me dispuse por fin esa noche, a leer el libro de Tobías, el cual relata la manifestación del Arcángel Rafael, ante Tobit y Tobías, padre e hijo. Al concluir la lectura le dije al Arcángel —si en verdad existes, ¡arráncame este dolor que siento en mi corazón!, porque siento que empiezo a odiar y no quiero tener ese sentimiento en mi corazón, porque ¡duele mucho y ya no puedo más!, permíteme ver todo aquello que yo deseo saber y te prometo que aunque quiera morirme seré fuerte y por ti no renunciaré a la vida —, además le dije — ¡quítame la ceguera de mis ojos y frota de la hiel de ese pez del río Eúfrates que instruiste a Tobías que le frotara en los ojos a su padre Tobit y le quitó la ceguera! —, terminado de pronunciar lo anterior en cuestión de segundos sentí unas manos que traspasaron mi corazón y sentí que de repente mi pecho dejó de doler y estaba asombrada porque ese odio por Alberto y esa mujer con la que sospechaba me engañaba ya no me dolía; momentos después empecé a sentir un aleteo en mi brazo izquierdo como de un ave de corral, estaba segura que aunque no lo podía ver era el Arcángel Rafael y en una conexión entre mente y corazón le pregunté ¿por qué solo puedo sentir una de tus alas? de igual forma me respondió y me dijo — porque con una te sostengo a ti y con la otra a tu esposo —. Esa noche fue todo lo que me sucedió y al día siguiente llegó Alberto, era un día previo a su cumpleaños, así que le narré todo lo que me había sucedido, pero lo ignoró y no le dio importancia, al día siguiente se fue a trabajar y por descuido dejó su celular y algo sentí que me dijo allí está lo que deseas ver, en cuanto lo tomé entró una llamada de la joven con la que se veía y de forma errónea la encaré y le dije que hablaba la esposa de su amante, algo realmente bajo de parte mía, porque ahora entiendo que no tenía nada que pelear, porque las personas cuando se quieren ir no hay que detenerlas, hay que aprender a soltar, solo que en ese momento no pensaba así, una vez que intenté revisarlo tenía contraseña, me fui a un internet y con el cable de conexión hacia una PC entré a la memoria DIM del celular y pude ver imágenes que me destrozaron el corazón y mi alma, porque encontré fotos eróticas que se intercambiaba Alberto con esa joven, sentí ganas de vomitar y después dije — ¡me quiero morir! — pero recordé la promesa que había hecho la noche anterior y fue como me quité la idea de cometer una locura. Por esas fechas Frida tenía 9 años y venía padeciendo desde dos años atrás enfermedades de vía digestiva y respiratoria, de las cuales eran recurrentes y empezó a adelgazar muchísimo, a dormir con los ojos abiertos y a tener un mal carácter, al punto que un día me llamaron de la escuela y se quedó dormida en el salón de clases e igual hacía en casa, por lo que ese mismo día, agendé cita con su pediatra y la llevé, como había cierta confianza con la doctora le platiqué un poco de lo que me estaba sucediendo en casa, era una forma de poder contarle a alguien porque ya no soportaba traer guardadas tantas emociones a la vez y me comentó que mi caso era similar al de una familia que ella conocía y que atravesaban por una situación de daño espiritual que no comprendí en ese momento, eso sucedió un par de días antes que descubriera la infidelidad de Alberto.

Volviendo al día en que vi el celular, recuerdo que iba enfurecida hacia la puerta de casa para hacer algo, seguramente nada positivo, cuando de repente escuché una voz que me dijo — ¿mujer a dónde vas? —, de repente me detuve para identificar de dónde venía la voz y lo único más cerca y a mi lado derecho era una altar, que ponía por costumbre heredada por mi abuela materna, donde tenía una imagen de la Virgen de Guadalupe, la figura de un Cristo crucificado y una veladora, otra vez sentí la comunicación entre mente y corazón porque yo no expresaba palabra alguna y esa misma voz con algo de autoridad me dijo nuevamente — ¡perdónalo y ayúdalos! — llegando a mi mente una imagen de Alberto indicando que a él lo perdonara y ayudara a Frida que estaba enferma, solo que en mi debilidad humana respondí todavía en forma retadora — ¡Padre por qué me pides eso, si me han hecho tanto daño! — ya no volví a escuchar la voz, solo empecé a sentir como el coraje que llevaba dentro de mí cuando me dirigía a la puerta empezó a disminuir, hasta desaparecer y entonces con más humildad respondí a esa voz como si yo supiera de quien se tratara y le dije — Padre está bien, haré lo que me pidas solo dime y muéstrame el camino porque yo no sé qué está sucediendo, no comprendo —, después de esto me quedé en casa y esa misma tarde cuando llegó Alberto lo confronté y no me dijo una sola palabra, ni lo siento, es verdad o mentira y solo guardó silencio y me pidió el celular y le dije que ya no lo tenía que sería un medio de prueba para solicitar la pensión alimenticia de mis hijas, porque ya tenía meses que me daba el dinero a cuenta gotas y me compraba las cosas más baratas que encontraba para la despensa y no se daba cuenta que sus hijas necesitaban ropa y calzado y hacía caso omiso a mis peticiones, solo me decía que yo no sabía administrarme, así que yo tenía que ver la forma de resolver como en otras ocasiones; pese a mi dolor y a todo el remolino de emociones no pasó por mi cabeza el divorcio, pues en aquel momento yo me aferraba a salvar mi familia y pensé que él iba a dejar a su amante pero eso no sucedió tan rápido. Al día siguiente localicé a una abogada y con sangre fría y sin pensar en nada, solicité una demanda de pensión alimenticia porque ya me había cansado de andar estirando la mano para pedir migajas y no veía justa esta parte, a la quincena siguiente ya había procedido, al menos por ese tema dejamos de discutir pero nos convertimos en dos perfectos desconocidos viviendo bajo el mismo techo.

Transcurrida una semana, después de haber escuchado la voz del Padre y a la recaída de Frida que ya estaba casi desahuciada, porque después de realizar más de diez estudios médicos no aparecía nada, todos resultaban negativos, hasta que un día la única hermana de Alberto me llamó y me dijo que a Frida le quedaba solo una semana de vida, pues ella y su familia acudían a centros espiritistas cuando tenían alguna situación y sabía que yo no creía en eso, y mis pensamientos eran "si yo no me meto con nadie y no daño a nadie, no tienen porqué hacerlo conmigo", pero estaba equivocada, puesto que muchas personas están dispuestas a obtener a cualquier precio lo que desean, utilizando fuerzas oscuras hasta lograr su propósito. Dada una recaída de Frida, ese día volví a visitar a su pediatra y le llevé los últimos resultados médicos que me había solicitado y de allí le comenté lo que me había dicho la tía de Frida y me dijo — soy médico y soy creyente y me ha tocado ver de todo, puedo decirle que pude ver a una persona casi moribunda levantarse por indicaciones de una persona que llegó a visitar al enfermo , así que ten fe, te voy ayudar a averiguar el dato de una laico católico que hace sanaciones y si es algo como pienso te podrá ayudar —, así que regresé a casa y ese mismo día a la 10 de la noche me llamó la pediatra y me dijo — ¡eres bendecida, el sanador viene mañana a la ciudad!, así que lleva a tu hija a las 6 pm —. Frida apenas se sostenía ya estaba muy débil y yo tenía miedo a que muriera y le suplicaba a Dios de una forma equivocada, porque aunque quería que hiciera su voluntad, yo recuerdo que le decía — ¡Padre que se haga tu voluntad, pero por favor déjala conmigo no te la lleves aún! — ella se estaba consumiendo, empezaba a dormir demasiado, a tener una delgadez extrema, le hicieron muchos estudios, no había nada que apuntara qué era lo que estaba acabando con ella. Al día siguiente y a la hora indicada, llegué a la dirección que me dieron, la sala de la casa a la que acudí estaba repleta de personas y solo escuchaba sus gritos, cuando entraban al área de sanación, hasta que llegó el turno de Frida, nos llamaron y el sanador, un laico católico me preguntó ¿qué pasa con la niña? y brevemente le dije que de unos 3 años a ese momento se enfermaba continuamente sin que encontraran algún padecimiento que provocara los síntomas que venía presentando, solo me dijo — ahora mismo sabremos que tiene —, así que solo levantó su mano y la dirigió a Frida y dijo —

¡lo que tiene esta niña que salga en esta otra persona! — refiriéndose a una mujer que se encontraba auxiliando, la cual estaba con los ojos cerrados y como dormida, empezó a hablar, yo realmente no entendía, solo escuché que esta mujer mencionó un nombre y después exclamó — ¡me quiero ir al cielo! — y pidió un poco de agua y le dieron a beber, alzó sus brazos en representación de lo que tenía Frida en su cuerpo y cuando esa almita se fue Frida despertó, yo me quedé asombrada y recuerdo que le pregunté al sanador que pasó con ella y solo me dijo — ¿quieres saber o sanar?— a lo que respondí — sanar —, al salir di una cooperación simbólica para el sanador y a sus acompañantes, solo para cubrir sus viáticos, porque venían de otra ciudad; al salir de allí por mi curiosidad, le pregunté a la joven que vivía allí y que también había sanado este laico, después de haber permanecido en silla de ruedas por varios años, así que le dije — ¿me puedes explicar que pasó con Frida, que tenía? — y me dijo — ¿ha usted visto letreros que dicen "se hacen trabajos, etc."?, así llegó la maldad a ustedes y a su hogar, las almas por sí solas no eligen los cuerpos, son impuestos a través de fuerzas oscuras"—, con lo cual comprendí que la enfermedad de Frida se trataba de una opresión espiritual, ocasionada por la pareja que en ese momento tenía su padre y que también no solamente le había causado daño a Frida a Diana y a mí, pues su objetivo era desaparecernos para quedarse con Alberto, lo cual fui descifrando después de acudir a más sanaciones espirituales tanto en una iglesia donde hacían las misas de sanación, como en casa del laico, este último, una persona creyente en Dios y con un don de sanación muy especial.

Esta sanación también la realizó el laico acudiendo a casa y nos indicó había entierros espirituales que habían realizado ante la santa muerte, así fue como comprendí todo lo que había ocurrido desde 3 años atrás y poco a poco dejaron de acontecer las situaciones de enfermedad, accidentes y de muerte, porque las mascotas que teníamos se enfermaban o morían, las plantas se secaban, los aparatos electrodomésticos se descomponían, así como el carácter de mis hijas y el mío volvió a normalizarse poco a poco porque se había vuelto demasiado irritable.

Empecé a recordar las cosas que pasaban en casa, un tanto aterradoras, yo escuchaba voces y no podía dormir por las noches, a veces me mantenía despierta entre la una y tres de la madrugada; en otras ocasiones, me despertaba sobresaltada por terribles pesadillas donde me veía en escenas aterradoras y de muerte, no había tranquilidad en el hogar y todo esto iba sumando para que cada vez Alberto y yo nos distanciáramos más cada día, al punto en el que decidí presionar de otra manera a Alberto para cooperar con los gastos de casa, de los cuales se había desentendido, motivo por el cual tramité la pensión alimenticia para mis hijas, porque ya había mermado el dinero en casa y quería de alguna forma asegurar el bienestar de mis hijas y por otra parte desquitar mi coraje y obligarlo a quedarse, porque sabía que le sería insuficiente para irse, situación que con mi visión actual, hubiese actuado diferente. Así, transcurrieron todavía cinco años más, en los que tuve la incertidumbre si realmente sentía todavía amor por mí, porque notaba la ausencia de Alberto en su rostro y en su actuar, siempre callado y una falta de alegría, las cosas ya jamás volvieron a ser igual en nuestra relación, ya no había abrazos, no había confianza y una intimidad un tanto obligada. Esto ya no me permitía vivir una vida normal, con ilusiones, solamente nos culpábamos el uno al otro, sin ver que en nuestra infelicidad íbamos arrastrando a nuestras pequeñas hijas y no hacíamos nada por mejorarlo.

4
Mis Sueños anhelados

Recuerdo que desde muy pequeña yo soñaba con príncipes azules, tenía quizá unos 8 añitos cuando empecé a imaginar cómo sería la persona que yo conocería cuando fuera grande, que me acompañaría, me imaginaba a un jovencito que me amaba y con el cual compartía muchas cosas lindas.

Cuando pude hacer un retroceso en lo más profundo de mi alma y de mi ser, ahora como adulta, pude recordar cuando tenía 15 años y recibí una cajita musical con una bailarina, pude sentir y verme en un escenario, bailando música clásica o quizá música folklórica de mi país, en otro momento me vi cantando.

Un momento mágico fue verme atrapando mariposas, en un tulipán con muchas flores que tenía mi madre en la parte trasera de casa, verme tan pequeña e indefensa y tan feliz, allí no recordaba todo lo negativo, eran instantes de felicidad y lo disfrutaba tanto, de niña tenía tantos sueños, anhelaba tantas cosas lindas y por supuesto el dolor estaba fuera de la lista, soñaba con ser feliz, con sucesos llenos de amor, no de tragedia ni de situaciones complicadas.

Reflexioné que cuando era pequeña y con tanta inocencia, solamente pensaba en ser feliz, no pensaba en los desastres que viviría en la etapa adulta, porque era una niña con un alma noble, siempre pensaba solo en la felicidad y no tenía presente el rencor en mi corazón.

Las situaciones que fui viviendo y conforme transcurrió el tiempo, fueron marcando un profundo resentimiento en mi corazón, después de cada suceso traumático; comprendí que para cada uno, el resentimiento será del tamaño de nuestras profundas heridas del alma. A veces, cuando los recuerdos duelen, preferiría seguir siendo niña, cuando todo es inocencia y felicidad, cuando confiaba en los seres humanos.

Conforme crecí entregué mi corazón de una forma tan sincera, sin pensar en que podía ser lastimada, lo cual ahora de adulta y después de tantas vicisitudes comprendo que me podrán dañar solo si yo lo permito. Ahora puedo comprender las palabras de Jesús, nuestro salvador y redentor cuando decía "Dejad que los niños vengan a mí" o "solo siendo niños entrarás al reino de los cielos" porque solo siendo niños sabemos amar de verdad, sin guardar rencor, porque siendo niña podía jugar y si tenía alguna diferencia la solucionaba y no pasaba más que una horas y podía hacer las pases y decir de nuevo ¿jugamos?, lo que en mi etapa de adulta, con resentimientos acumulados, ya no pasó igual, porque conforme fui acumulando heridas en mi alma me fui cubriendo con caparazones y máscaras, que lejos de ser yo misma era la persona que no deseaba ser y aunque no había sido mi intención, ahora puedo admitir que también lastimé a los seres que me rodeaban, al activar mi enojo, indiferencia, control y mi orgullo, sin comprender que con estas falsas armas solo iba perdiendo: la inocencia, confianza, seguridad y mi propia autoestima, además de comprender que la felicidad estaba detrás de cosas tan simples, como despertar cada día, abrazar a mis hijas y decirles que las amo, tener salud, apreciar mi cuerpo, contemplar la naturaleza, en aceptar a las personas tal cual son sin pretender cambiarlas y amar su esencia, tantas cosas que ahora me parecen tan maravillosas, las cuales dejé de percibir cuando me en encerré en el lado oscuro de mi pensamiento, en mi sufrimiento sin soltarlo, sin perdonar, vivir así me causó más daño emocional.

Ahora tengo la capacidad de soñar nuevamente y retomar aquello que dejé de hacer, aunque no puedo retroceder el tiempo, cada día hago lo que me gusta, haciendo realidad algunos sueños en medida de lo posible, considerando mis capacidades físicas, ahora disfruto lo que hago al máximo, me siento viva, aunque antes también clínicamente latía mi corazón estaba dormida, en un estado pasivo y solo como espectadora, viviendo para hacer realidad los sueños de otros y no los propios.

Después del despertar de mi consciencia, descubrí que me gustaban las artes (baile y canto), así como las letras, la inspiración del alma, para plasmar hechos de ficción y no ficción, algo muy distinto a la profesión que estudié y desarrollé de la mejor manera y de forma amorosa, aceptando las dificultades y los retos que se presentaron, de toda esta experiencia acumulada sé que toda aporta a mi labor de escritora, todo ha sido conocimiento acumulado con el paso de los años, hoy todo lo agradezco porque ha forjado la mujer que soy ahora, como este sueño de escritora que nació en mí hace un par de años y que ahora se ha materializado.

He comprendido que si nos transformamos en niños, disfrutamos de cada instante, sonreímos y tenemos la capacidad de perdonar, somos más felices, podemos conocer al amor de nuestra vida que habita en nuestro ser y así llega la felicidad verdadera.

Cada uno de nosotros tuvimos sueños desde niños y a medida que vamos creciendo, nos vamos encontrando con personas que no se aman y sin darnos cuenta vamos permitiendo los destruyan, confiando en el amor que predican cuando no saben amarse a sí mismos ¿qué clase de amor podemos recibir?, por este motivo una vez que despertamos podemos saber si realmente nos comunicamos con un ser sano que posee el amor verdadero en su corazón y también comprender si nosotros lo estamos para no lastimar a los seres que amamos y nos rodean.

He comprendido que cuando alguien no sabe valorarnos o apreciarnos es porque no saben valorarse y apreciarse a sí mismos y son así porque no han llegado a comprender por qué viven como viven, ahora te invito a que también hagas un alto en tu vida y comprendas si estás haciendo lo correcto, lo digo como una persona imperfecta que sufrió porque no sabía amarme y tampoco podía comprender a quienes me rodeaban, ahora puedo percibirlo mejor, aun cuando los demás sigan dormidos o despiertos, porque también en la aceptación de la diferencia de los otros está el amor.

A veces el miedo nos paraliza y no podemos decirle a la persona que nos lastima que se detenga y le seguimos permitiendo nos dañe y se haga daño a sí mismo, perdemos el rumbo y no comprendemos que la comunicación, el cariño diario y los detalles, sin implicar cosas materiales, hacen sentir amados a nuestros seres queridos, detalles que no cuestan dinero y que está al alcance de todos.

Cuando estuvimos faltos de amor y de cariño siendo pequeños, buscaremos personas que nos den esa parte y si no nos la dan, estaremos aferradas allí pensando que nos aman y soportaremos malos tratos, pediremos migajas de amor y soportaremos humillaciones, por eso es importante autoconocernos y saber que hemos sanado nuestras heridas emocionales, antes de llegar a la vida de otra persona y dañarla.

No sabemos distinguir entre el verdadero amor y las falsas caricias, cuando no hemos sanado nuestra alma, cuando eso sucede, comprendemos que la otra persona tampoco era culpable, solo tenía huellas tan profundas en su ser como las tenía yo y también fueron lastimados, heridos y han sufrido demasiado, es así como llega el autoconocimiento y un reencuentro con nuestro propio ser.

5

A pesar de todo CREO en el AMOR

Cuando realmente somos capaces de retroceder al pasado y regresar a la niñez, comprendemos la inocencia que estaba dentro de nosotros, que todo era perfecto y todo era feliz.

He comprendido que los prejuicios, los golpes, el abandono, la humillación, las palabras que marcaron mi vida como "no eres tan bonita", "no tienes dinero", "no lo vas a lograr", "tienes los dientes chuecos" y muchas cosas más marcaron mi vida, sin embargo nunca me detuve, una fuerza que vivía en mí, me sostenía y siempre he sentido es mi padre Dios, por eso hasta ahora he luchado por hacer realidad mis sueños.

Al principio, quizá realicé mis sueños y no los disfruté porque estaba más enfocada en el logro material porque había carecido de ello, ahora en la etapa adulta disfruto mis logros diarios, ahora sé que todo lo que hice aún sin disfrutarlo valió la pena, como estudiar una carrera porque me dio conocimiento, estudiar idiomas me ayudó a crecer en mi trabajo y aprender las actividades domésticas y manualidades me permitió realizarme en casa y atender a mi familia, ahora lo realizado de forma consciente o inconsciente, todo ha valido la pena.

Confirmo que creo en el AMOR a pesar de todo, porque durante el recorrido por este mundo me encontré con personas buenas en mi camino, que siempre lo iluminaron y quisieron lo mejor para mí, tuve maestros de vida y maestros de escuela, que alimentaron mis sueños y por su motivación realicé lo que me propuse. Descubrí que mucho de lo que yo quise en el fondo de mi corazón, no lo hice porque en el pueblo que crecí no había escuelas donde estudiar danza, música, canto, etc., pero ahora que estoy viva y con energía y con una condición física saludable, me he propuesto hacer lo que me agrade con pasión y AMOR.

Tengo un recuerdo muy hermoso que comparto con Ustedes mis amados lectores; cuando tenía 5 añitos y me llevaron al jardín de niños conocí a un niño, su nombre Ángel, en esa semana que acudí a mis clases lloré mucho porque no me gustaba la clase, porque mi madre ya me había enseñado a leer y escribir, de tal manera que la maestra se desesperaba y me sentaba en un rincón y allí me mantenía hasta que terminaba la jornada, entonces sucedía algo que hasta la fecha me enternece, este pequeño niño cuando me veía llorar le decía a la maestra "¿me da permiso de comprarle un dulce a Any para que no llore?", se iba a comprar el dulce y regresaba y me decía "Any aquí está un dulce para ti, ya no llores" y después se iba a su lugar, así sucedió por una semana completa. Es el recuerdo más tierno que tengo de toda mi vida y este recuerdo se quedó grabado en mi corazón y mi alma, porque siempre he anhelado a una persona que me trate de esa forma cariñosa como lo hizo ese niño y yo corresponderle de forma recíproca, por ahora he aprendido a disfrutar de mi propia compañía, porque he descubierto al amor de mi vida ese que busqué siempre por fuera, en las personas que me rodeaban y de ellos esperaba amor, hasta que descubrí que habitaba en mí ese amor, solo hasta entonces comprendí ese sagrado mandamiento de "AMA a tu prójimo como a tí mismo (Mateo 22: 27-39)", porque si me amo no daño a mi prójimo, ya que nadie se lastima a sí mismo si se ama.

Este hermoso pasaje de mi infancia, mantiene viva la esperanza que algún encontraré a la persona con la que pueda compartir el amor que habita en mí, todo mi amor, sin miedo a que me lastime, porque yo estoy dispuesta también a amar de una forma más sana, amándome y aceptando a una persona con todos sus defectos y virtudes, porque estoy convencida que al AMOR no hay que cortarle las alas, por el contrario tiene alas para volar, crecer y ser libre y quien decida quedarse a mi lado lo hará sin que yo se lo pida.

Tengo las más grandes aspiraciones de seguir realizando mis sueños, de aprender canto, varios ritmos de baile, escribir, viajar, emprender todo con la bendición y gracia de Dios, por el tiempo que me permita vivir, así podré decir que hasta el último día de vida luché por cumplir mis propósitos. No importa que tenga que volver a empezar a mis 44 años, sé que lo voy a lograr. No me siento frustrada por lo que no hice, por el contrario ahora he descubierto que puedo realizar todo lo que me proponga, cuidando mis pensamientos, mi cuerpo y alimentando mi alma.

A pesar del tiempo y mi edad, sigo sintiendo esa niña que llevo dentro, a la que he prometido que voy a cuidar y que nadie más va a lastimar. He aprendido a amarme, a valorarme. Gracias a todo ese descubrimiento de sumergirme en mi propio pantano, en lo más profundo de mis recuerdos dolorosos y algunos alegres porque los hubo, fue gracias a eso que resurgí y aunque en ese pasado no fue el mejor, fue perfecto para ser la mujer que soy ahora, la que sigue soñando y luchando para hacer realidad sus sueños.

6

Amar también es libertad

Después de iniciado mi proceso de sanación emocional y por la convivencia continua con Daniel, mi amigo, el que hablaba por teléfono conmigo aquella noche cuando Alberto se ofuscó y me arrebató el celular, es a quien estaré eternamente agradecida toda mi vida por haberme ayudado a que sanara mis emociones de la dependencia y codependencia que me fue detectada en este proceso, el cual cambió mi vida para siempre.

Daniel después de su ruptura matrimonial ya llevaba algunos años solo, era padre soltero y se hacía cargo de su hijo y por tal razón yo lo admiraba mucho, porque en algunas ocasiones convivíamos los tres y pude apreciar el gran amor que tenía por su hijo y este niño era adorable, es decir hacía un buen papel como padre.

Después de unos meses de haber iniciado ese despertar de sanación emocional, Daniel y yo convivíamos más seguido y nos saludábamos casi a diario, algunas veces compartíamos un café y charlábamos por algún tiempo, él estuvo pendiente de mí durante casi 4 meses y yo le fui tomando un gran aprecio, incluso mis sentimientos fueron cambiando hacia él, me hacía sentir muy bien, era el amigo con el que podía contar mis problemas de fondo, algunas anécdotas un poco tristes y otras graciosas, en fin, me motivaba siempre a ser una mujer independiente, con su ayuda me fui empoderando para elevar mi autoestima, comencé a hacer rutinas de ejercicio y a mejorar mi arreglo personal, motivada por las charlas con Daniel, pues continuamente me preguntaba qué es lo que me gustaba y si lo había hecho y como la mayoría de las veces le respondía que no, me decía que esperaba o que me lo impedía y sus comentarios me motivaban para mejorar mi amor propio tanto interior como exterior.

Algunas ocasiones me hablaba de sus anécdotas desde joven y en particular la suerte que tenía con las chicas, debo reconocer que tenía una especial coquetería que a mí me gustaba, además de narrarme de los maravillosos trabajos que había desarrollado durante su juventud como producto de su profesión. Con el tiempo su trato, su honestidad y su forma sincera de ser conmigo me enamoraba, aunque yo no le había dicho de mis sentimientos, continuamente me hablaba de las mujeres que habían formado parte de su vida y yo pensaba que no podría fijarse en mí porque sus estándares de belleza eran muy altos y mi apariencia física no se comparaba con la de las chicas que prefería, sin embargo llegó el día que le hablé de mis sentimientos pero me repitió una y otra vez que no quería un compromiso y que no quería lastimarme, pero mi autoestima era baja y cuando me decía que no podíamos ser más que amigos tocaba una herida de humillación muy profunda que viví en mi infancia, cuando el padre de mi vecinita de la infancia y mejor amiga un día me llamó y me dijo que la única bonita era su hija menor y que todas las demás estábamos feas, motivo por el cual cuando yo escuchaba a Daniel decirme que no podía ser nada, no podía evitar sentirme rechazada y su actitud me dolía mucho, porque era un sentimiento que fui acumulando por varios meses y yo sentía que ya no podía estar lejos de él. Muchas veces lloré en silencio por este amor no correspondido solo pidiendo a Dios poder sacar de mi corazón ese sentimiento y amarlo solo como amigo.

En la penúltima vez que convivimos y estábamos comiendo, hizo un comentario respecto a una chica estando frente a mí y pese a que sabía de mis sentimientos sentí como se hacía pedazos mi corazón y llegué a comprender que no podía fijarse en mí, pues me repetía una y otra vez que su prototipo de mujeres eran más bellas y jóvenes y ante esa comparación yo me sentía humillada, porque tocaba esa herida tan profunda de mi infancia.

Podía pasar por alto los comentarios sarcásticos de Daniel porque yo sabía que no éramos una pareja, solo amigos, pero verlo coquetear con otras mujeres me lastimaba mucho, y por un momento sentí como mi apego hacia él iba creciendo, por el contrario él se fue haciendo más distante conmigo, me iba soltando poco a poco.

Ambos éramos totalmente diferentes, él era bromista y con un lenguaje particular y yo un poco introvertida por lo que lograba con sus picardías hacerme el día divertido. Poco a poco fuimos contando nuestras vidas recíprocamente, yo sentía que ambos nos atraíamos, pero él continuamente mencionaba que no pretendía ninguna relación seria con nadie, pues no quería compromiso alguno, solo le gustaba salir a divertirse. Un día pensé que no era necesario que un varón tuviera que hablarle primero de su amor a una dama, así que un día me armé de valor y le insinué que me gustaba, pero me dijo que yo estaba confundida porque no había tenido antes una atención y un buen trato de un varón y que él consideraba que sí lo tenía con las mujeres que conocía y que yo estaba confundida; él ya había vivido el proceso por el que yo pasé y me dijo que tenía que madurar mi estado emocional y que mis sentimientos no eran reales o más bien no pretendía tener ninguna relación romántica conmigo.

Poco a poco se fue distanciando de mí, dejó se saludarme por mensajes como lo veníamos haciendo casi a diario, hasta que llegó un día que tuvimos una diferencia de opiniones y decidió sacarme de tajo de su vida bloqueándome de sus contactos, lo cual fue un duro golpe para mí, porque era el único amigo con el que podía platicar tan amenamente.

Con la comprensión que ya tenía del AMOR tuve que aceptar su decisión de alejarse y acaso lo saludé por mensaje solo 3 veces más sin recibir respuesta alguna, hasta que un día decidí cerrar ese capítulo y no buscarlo más, porque si amaba a mi amigo tenía que respetar su decisión y solo agradecer a Dios haberlo puesto en mi camino, porque fue un maestro de vida, al cual le sigo teniendo un cariño y aprecio, sin contemplar la posibilidad de convivir en el plano romántico y aceptar que algún día lo vuelva a encontrar con la persona que él elija y solo pido a mi Dios que sea feliz como hubiese querido ser yo a su lado, porque en varias ocasiones imaginé formar una linda familia a su lado, los suyos, los míos y los nuestros, pero esto solo fue producto de mi imaginación, así que decidí cerrar este capítulo en mi vida, deseando desde lo más profundo de mi ser una felicidad abundante para él por el hermoso regalo que me dio al conocerme y ayudarme a ser una mejor persona y a sentirme una mujer valiosa.

A Daniel le dedico este hermoso poema que escribí para recordarlo por siempre:

"Tu ausencia"

Siento tu ausencia en mi mesa,
mi cama y mi alma…

Abrazo mi almohada,
pronuncio tu nombre y
pierdo la calma..

Pido perdón al cielo por como
te pienso mi alma …

Si en otra vida te encuentro,
tomaría tu mano y a tu lado caminaba …

Mientras tanto, que Dios te guarde
y que seas feliz, mi vida, mi alma …

Any Altamirano

7
Un final diferente para inicios felices

Querido lector, espero haber llegado a tu corazón, te invito en todo momento a la reflexión, recuerda que a veces es necesario hacer un alto en nuestra vida y saber que las decisiones que tomamos a diario cambiarán el sentido de nuestras vida, motivado por las palabras y nuestras acciones, razón por la cual debemos llegar a un autoconocimiento, a través de sumergirnos en nuestro propio ser, para reencontrarnos, conocer nuestros monstruos que habitan en nosotros, los cuales crecieron por odio y resentimientos hacia aquellas personas que nos rodearon en nuestra más tierna infancia, donde la mayoría de nuestros cuidadores ignoraban que sus palabras y actitudes hacia nosotros sus hijos, cambiarían nuestras vidas para siempre y comprendiendo que ofrecían solo aquello que habían recibido; en mi caso, no ha sido un proceso fácil para sanar ese resentimiento que sentí hacia mi madre, primero juzgándola y sin poder abrazarla, hasta que pude perdonarla y aunque me sigue costando un poco el contacto físico con ella, le agradezco en mi interior todo el esfuerzo que hizo para hacerme una persona de bien a su manera y que mucho de lo que soy es gracias a ella y aunque no traía un instructivo para ser madre al igual que yo, comprendí que ambas tuvimos tenemos nuestras fallas y hasta haber comprendido mi pasado y analizando la vida de mi madre, pude comprender su actitud hacia conmigo, aun así todo lo vivido fue perfecto para ser la persona que ahora soy, hasta finalmente comprender que la perfección no existe y que las cosas más simples de la vida son las que nos dan mayor felicidad. Pude recordar cuando niña anhelaba un abrazo, una caricia, tiempo y a veces solo un pequeño juguete para divertirme, situaciones que dejaron vacíos en mi ser y que traté de llenar conforme fui creciendo con cosas materiales para dar según yo a mis hijas Diana y Frida lo que yo no tuve, sin darme cuenta que yo también les había dejado de dar esos pequeños momentos de risas, besos y alegría y decirles un -¡te amo!- desde lo profundo de mis ser, abrazarlas y mimarlas a cada instante, mientras yo pensaba en muchas ocasiones en trabajar y trabajar para darles lo mejor, mientras tanto iban creciendo con carencias afectivas como lo viví yo.

Por falta de autoconocimiento y amor propio también tuve fallas como hermana, madre de familia, esposa, de las cuales tuve que reflexionar y encontrar el por qué soy una mujer que desarrolló dependencia y codependencia, la respuesta estaba en mí y en nadie más y aunque este libro no es para dar una definición de estos términos en un principio no profundizados en mi mente como una enfermedad emocional, de la cual me di a la tarea de averiguar sobre este tema, además de fortalecer mi cuerpo y espíritu, a través de implementar nuevos hábitos de alimentación, haciendo ejercicio, preocupándome más por mi cuidado personal a través de aceptar mi cuerpo y cuidarlo y amarlo, lo que muchas veces pensé que alguien más debía hacerlo por mí y eso no sucedió, dándome cuenta que la única responsable era yo de amarme y nadie más tenía la obligación de hacerlo, además comprendí que esperar duele y por eso es mejor dar lo mejor de mí misma sin esperar nada a cambio, saber que, el amor habita en mi ser y que si lo doy no se irá con nadie más, se queda conmigo, aunque las personas decidan apartarse de mi lado respeto su decisión porque el amor es libertad, cuando no tengo que cuidar a nadie para que se quede, pues cuando vigilaba, controlaba y preguntaba ¿me amas?, solo estaba reforzando mis miedos para evitar el abandono que había sentido en la infancia, comprendí el por qué me aferraba tanto a una persona aceptando la falta de aprecio y valor, en su momento de mi compañero de vida, comprendí también que venía de una familia conformada de seres disfuncionales que al no saber amarse le dieron lo mismo, y a su vez nos dio a mis hijas y a mí lo que recibió, compartiendo solo sus frustraciones y propiciando una forma equivocada de amor, donde yo me centré en ser madre y ama de casa, donde perdimos el disfrute de uno con el otro y nos enfocamos en construir un futuro sobre bases de bienes materiales, aquellos que no tuvimos, dejando de lado los cuidados mutuos que construyen el ser, olvidando reforzar los detalles y los momentos a solas, el trabajar en equipo en casa y compartir y apoyar mutuamente nuestros sueños personales lo cual hace crecer el amor, pero en algunos casos como en el mío esta comprensión llegó de forma tardía, cuando ya las cosas han sobrepasado los límites y haber tomado la decisión de emprender y continuar un viaje sola, aprendiendo a amarme y respetarme, no con aquello que decora mi exterior sino realizando los cambios desde dentro de mi ser.

Todo esto quiero que lo descubras y te preguntes antes de llegar a hacerte una pregunta como la que marcó mi vida ¿me voy o me quedo?, sería mejor preguntarse ¿quién soy? ¿estoy preparado para compartir una vida con alguien para amarlo y no lastimar? ¿estoy dispuesta (o) a aceptar a una persona con todos sus defectos y virtudes y amarla con todo mi ser?, como lo dicho en las sagradas escrituras "ama a tu prójimo como a tí mismo" comprendiendo que si no me amo ¿que clase de amor puedo ofrecer?.

Amado lector quiero que sepas, que una vez que busquemos en nosotros mismos encontraremos respuestas, para perdonarnos y aceptarnos, para amarnos y sentirnos siempre suficientes ante cualquier persona o circunstancia, para aprender a soltar todo aquello de nosotros mismos que nos hace daño y de paso a los seres que nos rodean y no nos valoran y así evitar buscar en el lugar equivocado el amor que tanto anhelamos desde que éramos niños, cuando el verdadero amor de nuestras vidas somos nosotros mismos, así que debemos buscar en nuestro interior, sin esperar que los demás nos den aquello que nosotros no tenemos y no podemos ofrecer, por ignorar que nuestro ser está dañado, por lo que debemos sanarlo para tener un nuevo inicio a partir del despertar de nuestro ser y de una nueva vida consciente, junto con esos sueños que hemos abandonado, por eso es importante despertar y saber que estamos vivos, para disfrutar y agradecer a nuestro creador cada día la oportunidad que nos brinda de ser felices y de paso hacer felices a todas las personas que encontramos en nuestro camino durante el recorrido de nuestra existencia.

Considero que hacer este alto en nuestras vidas nos llevará a ver la vida de un modo diferente, en el que podamos ser felices todos, sin excepción, aceptando las circunstancias que nos tocó vivir pero una vez comprendidas, esforzarnos por dejar atrás a la persona dormida o muerta para ser un nuevo ser.

Si no sabes cómo hacer este cambio sola (o), busca la ayuda necesaria, ya sea psicológica o espiritual, a través de grupos de autoayuda, de platicar con una persona, de meditar, de ver contenidos positivos, de la lectura, videos de coaches de vida, libros de superación personal y lo más importante una conexión diaria con tu ser superior, todo esto aportó a mi vida para ir sanando mis heridas, aceptarme y ser feliz porque soy una hija amada de mi Dios, un ser humano imperfecto, solo con la misión encomendada por mi creador de ser feliz y dar amor.

Made in the USA
Middletown, DE
20 August 2022